神人但以理

巴比倫世界的義人

DANIEL, MAN OF GOD

Being a Man of Character in a Babylon World

UPDATED EDITION

Dwight L. Moody

神人但以理

巴比倫世界的義人

作者：慕迪（美）
譯者：呂平

ANEKO
PRESS

神人但以理 (Daniel, Man of God)

如無特別註明，中文聖經均為和合本現代標點版

Translator: Ping Lue

Aneko Press

www.anekopress.com

Aneko Press, Life Sentence Publishing, and our logos are trademarks of

Life Sentence Publishing, Inc.
203 E. Birch Street
P.O. Box 652
Abbotsford, WI 54405

RELIGION / Christian Living / Spiritual Growth

Paperback ISBN: 978-1-62245-914-8

eBook ISBN: 978-1-62245-915-5

10 9 8 7 6 5 4 3 2 1

Available where books are sold

目錄

但以理支隊

持守真理宗旨，
聽從神的旨意，
敬重忠心精兵，
向但以理支隊致敬！

敢於作但以理，
不懼隻身面敵，
敢於堅守目標，
不懼公開認主。

眾多強者失迷，
只因不敢站立，
若要為神爭戰，
加入但以理支隊。

諸多大高巨人，
踉蹌踏遍大地，

一頭跌倒在地，
如遇但以理支隊。

高舉福音旗幟，
邁向盛大勝利！
撒旦若領軍反抗，
為但以理支隊吶喊！

——菲利普·布利斯[1]（1873）

1 菲利普·布利斯（1838-1876），美國作曲家，聖詩作者。為慕迪的朋友.（如無特殊註明，腳註均由譯者提供。詩歌亦由譯者自譯）

第一章

被擄巴比倫

但以理卻立志不以王的膳和王所飲的酒玷污自己，所以求太監長容他不玷污自己。——《但以理書》一章8節

我總是非常高興研究先知但以理的生平。但以理這個名字的意思是「神是我的審判者」。神是我的審判者；公眾既不是我的審判者，也不是我的同志，唯有神。所以，但以理認為自己只對神負責。有人會問，但以理為何許人。大約在基督誕生之前六百年，神的審判因猶大諸王的罪孽，已降臨到他們和百姓身上。當時，猶大諸王如下：約雅敬承襲約哈斯，約雅斤繼任約雅敬，西底家繼承約雅斤。不過，經上對這些王的記載都是一樣的：*行耶和華眼中看為惡的事*（王上 15：26）。

所以，不足為奇，在約雅敬作王時，大約在基督誕生之前六百年，在神允許之下，巴比倫王尼布甲尼撒上來攻打耶路撒冷，一舉攻克耶城。大概就是在這個時候，但以理和一些年輕的王子被尼布甲尼撒擄到巴比倫。幾年後，約雅斤作王，尼布甲尼撒再次攻打耶路撒冷，擄走了許多聖殿的器皿，並將數千人擄到巴比倫。

再到後來，當西底家作王時，尼布甲尼撒第三次前來攻打耶路撒冷。這一次，他用大火焚城，拆毀城牆，屠殺了很多人，並將另一大批人擄到幼發拉底河岸邊（王下 25：1-11）。

當初，巴比倫王在約雅敬作王時擄走的人中，有四個年輕人。這四個年輕人，就像後來的提摩太一樣，也許有敬虔的母親們教導他們神的律法。或者，他們被神差派給猶大的哭泣先知耶利米的話所感動。所以，即使整個猶大民族離棄了以色列的神，也就是亞伯拉罕、以撒和摩西的神，這幾位年輕人仍然把祂當作自己的神；並把神放在心裡。

當耶利米警告猶大民族，高聲譴責以色列人的罪惡時，也許有很多人嘲笑他。他們譏笑他的眼淚，並當他的面，說他過於激動、自作多情，就像今天人們嘲笑真摯熱切的傳道人一樣。但這四個年輕人似乎聽到先知的聲音，而且，他們敢於為神站立。

儘管他們忠心向神，但他們畢竟被擄在巴比倫。尼布甲尼撒王下令，挑選一定數量，最有前途、年少的猶太俘虜，來教他們迦勒底語，並指導他們接受巴比倫文化習俗。王還下令，每天將他自己用的膳和喝的酒，同樣賜他們一份；如此，將持續三年（參　但 1：5）。

滿三年後，這些年輕人將在尼布甲尼撒王面前侍立；在當時，尼布甲尼撒是統治整個世界的偉大君主。被挑選的人中，有但以理和他的三個年輕朋友。然而，*但以理卻立志不以王的膳和王所飲的酒玷污自己，所以求太監長容他不玷污自己*（但 1：8）。

沒有一個年輕人，當他從鄉村的家裡跑到大城市或大都市時，在他路經之處不會遇到嚴重的誘惑。就在一個年輕人生命的這個轉折點，像但以理一樣，他身上必定具有成功或失敗的秘密。我們看到，人在生活中的許多失敗的原因，是一開始沒有持守真道。然而，但以理從一開始就持守真道。他把自己的秉性帶到了巴比倫，不以父母的宗教為恥。他不以聖經中的神為恥。

在巴比倫那些異教偶像崇拜者中，但以理並不羞於讓自己的光芒閃耀。這位年輕的希伯來人，身為階下囚，在踏進巴比倫之門時，為神站穩了腳跟；毫無疑問，他呼求神保守他堅定不移。他需要大聲呼求，因為他必須要面對巨大的困難，正如我們即將看到的。

很快，就到了考驗的時刻。尼布甲尼撒王下令，要這些年輕人享用王餐桌上的膳食。這膳食中，很可能有一些食物，是利未法禁止食用的肉類組成的——動物、鳥類和魚類的肉，這些東西被神定為不潔淨，因此禁止食用。或者，在準備過程中，有些部分的血沒有完全放乾淨，關於這一點，神已經宣布，*無論什麼活物的血，你們都不可吃*（利 17：14）。更有可能，有部分食物，曾作為祭品，獻給巴利或其他巴比倫神。這些情況中，無論哪一種，或者，所有這些情況都可能存在，決定了但以理的行動。我認為，青年但以理很快就下定了決心。他*卻立志*——在他心裡立志，請記住！——*不以王的膳和王所飲的酒，玷污自己*。

假如當今的一些基督徒可以向但以理提建議，也許他們會說：「千萬不要那樣做；不要把王的膳食擱在一邊；這是法利賽主義的行為。當你站出來，說你不吃膳食的那一刻，實際上你是在說你比別人好。」哦，是的，這就是現在經常聽到的那種說法。人們說：「入鄉隨俗，身在羅馬，為羅馬人。」這些人會脅迫這個年輕俘虜：即使你在家中遵守神的誡命，你也不能在巴比倫代表神。你不能指望將你的信仰帶到你被囚禁的地方。

我能想像，這些人對但以理說：「瞧著，年輕人，你太清教徒化了。不要搞得太特殊；不要有太多宗教上的顧忌。記住了，你現在人不在耶路撒冷。既然你人在巴比倫，就得把這些觀念放在一邊。你周圍沒有朋友和親戚。你也不是耶路撒冷的王子。你也不身居猶大王室之內。你已經從你的高位上落下來了。你現在不過是一名階下囚。如果王聽說你拒絕吃他所用的膳或喝他所飲的酒，你的人頭很快就會落地。你最好是擇地而蹈，隨機應變。」

但是，這個年輕人的內心深處忠誠敬虔，內心深處——這才是忠誠敬虔所要在的地方。在那裡，忠誠敬虔才會成長，產生力量，掌管生活。作為耶路撒冷的少數忠實信徒之一，但以理並沒有加入所謂的「教會」，以求獲得一定的社會地位。那不是他內心深處忠誠敬虔的原因，原因是因為他對以色列的主、神的愛。

我可以想像，當但以理告訴那監督官（梅爾扎，Melzer）他不能吃喝王的膳和酒時，監督官一定是萬分驚訝。「你說什麼，這是什麼意思？這膳和酒有什麼問題嗎？你要知道，這可是這地所產的最好的東西！」

「哦不，」但以理說，「那膳酒沒有什麼問題，只是我不能吃；把它拿走。」然後，監督官試圖說服但以理不要有顧忌。然而，先知站在那裡，堅如磐石；雖然當時他還很年輕。

就這樣，感謝神，這位年輕的希伯來人和他的三個朋友說他們不吃肉不喝酒；他們要求把這些都拿走，接著努力說服那監督官給他們素食吃（但 1：12–13）。

「拿走這酒，拿走這肉。給我們蔬菜和水。」太監長聽到這話後，恐怕因想到後果而發抖。儘管如此，太監長最終對他們的呼求讓步，允准他們吃十天的素食和水。十天結束時，他的懼怕消除了，因為但以理和他的年輕朋友，*他們的面貌比用王膳的一切少年人更加俊美肥胖*（但 1：15）。這四個年輕人的鼻子不像我們街上很多男人的酒糟鼻子，紅得好像要開花了。這是神的真理——但以理和他的朋友們所嘗試的——心安理得所飲的冷水勝過酒。他們問心無愧，神的微笑降在他們身上。主祝福他們的順從，這四個希伯來青年被允准按他們的要求用餐。在神的眷顧下，他們不僅受到太監長的偏愛，而且得到宮廷和王的青睞。

但以理所考慮的，不是屬世的榮譽或人的尊重，而是他的原則。他一直持有正確的原則。他那天正是要行正事，並深知明天自有明天的事。他成功的秘訣就是依靠神的力量建立堅定的目標。就在那時那地，他戰勝了誘惑。從此，自那一刻起，他就可以繼續征服並不斷地征服誘惑，因為，他從一開始就持守真道。

一個人之所以經常迷失，是因為他從一開始就沒有走正道。他的開局就很爛。一個年輕人從鄉下走入城市生活；試探來了，他變得不忠於他的原則。他遇到一個喜歡諷刺挖苦的人，嘲笑他，因為他去教堂做禮拜，讀聖經，向神禱告——與但以理在巴比倫祈禱的是同一位神。結果，這個年輕人被證明膝蓋軟弱，無法站立，在同伴的諷刺、挖苦和嘲笑下投降。他變得對自己的原則不忠實乃至放棄。*你們不要自欺，濫交是敗壞善行*（林前 15：33）。

我想說的是，當一個年輕人的開局很糟糕的時候，在百分之九十九的情況下，對他來說將是毀滅性的。凡第一次下賭注，第一次投機交易，第一次作假賬，從錢箱或收銀台中偷的第一枚二十五美分，或者和惡朋友度過的第一個晚上——任何這些事都能成為轉折點；其中任何一件事都可能代表一個錯誤的開端。

假如任何人想給自己不忠於原則找個藉口，那麼這四個年輕人都可以有理由。他們早已和自己的童年和青少年斷裂；他們已遠離以耶路撒冷為中心的宗教影響，遠離聖殿聚會和獻祭，被帶到巴比倫與偶像和拜偶像者、術士和占卜者交往。整個巴比倫都和他們作對，但是他們卻抗拒世界的潮流。

神與他們同在

然而，當一個人為了原則和良心，面對整個世界逆流而行，神就和他同在，他不必停下來考慮後果會怎樣。神說，我豈*沒有吩咐你嗎？你當剛強壯膽！不要懼怕，也不要驚惶，因為你無論往哪裡去，耶和華你的神必與你同在*（書 1：9）。持守真道，神就與你同在。

但是，我們為神作見證不僅限於單一的行為；必須貫穿整個人生。所以，我們一刻也不能奢想但以理只需要經歷一次考驗。歷世歷代，神對主僕人的旨令都是一樣的：*你務要至死忠心*（啟 2：10）。

巴比倫是一個非常宏偉寬闊的城市。它曾經可能是世界上最大的城市。據說，它周長為六十英里，佔有兩百平方英里的面積。[2] 從任何一個方向，劃一條穿過城市的線，都將測量為十五英里。城牆有三百五十英尺高，幾乎相當與倫敦聖保羅大教堂的圓頂之高。城牆寬八十餘丈，頂上可並排跑八輛戰車。巴比倫就像芝加哥——非常平坦，因此人們建造很多人造丘陵來作為裝飾。另一方面，就像芝加哥一樣，周遭廣大地區的農副產品直接流入該城，或經該城流往各地。

2　原註：「希羅多德（Herodotus）將巴比倫城的周長定為六十英里，整體為四邊形，每邊為十五英里。奧珀特（Oppert）經現場考察證實了這一點，即擁有二百平方英里的城牆內的區域」（福賽特《聖經百科全書》第 67 頁）。如要更清楚形像地了解巴比倫之大，據我們所知，它所佔據的面積幾乎是現代倫敦的兩倍。當然，不能假設巴比倫的人口也與倫敦相當。巴比倫城當時的居民可能有一百二十萬左右。

第二章

聽從神

尼布甲尼撒在位第二年，他做了夢，心裡煩亂，不能睡覺。——《但以理書》二章1節

數年以後，我們再次聽到但以理，但是卻在新的情況下。巴比倫王做了一個夢，這個夢使他非常不安。他召集了魔術師、占星家、占卜師和迦勒底人（即博學的人），要他們解釋這個夜間的夢。他即不能也不會向他們講述夢中所見，但他反倒要這些人講解夢和夢中所見。*夢我已經忘了，你們若不將夢和夢的講解告訴我，就必被凌遲，你們的房屋必成為糞堆*（但 2：5）。

這是一個非常不合情理的要求。誠然，他答應，如果他們成功了，就賜給他們獎賞和尊榮；但是，他們毫無疑問失敗了。接著，他們向王承認失敗。*迦勒底人在王面前回答說：「世上沒有人能將王所問的事說出來。因為沒有君王、大臣、掌權的向術士，或用法術的，或迦勒底人問過這樣的事。王所問的事甚難，除了不與世人同居的神明，沒有人在王面前能說出來。」*（但 2：10-11）

除了不與世人同居的神明。王手下的人清楚知道，世人不具有必要的理解力或洞察力來解答王的夢——他們知道唯有神才具有這種能力，就老老實實地告訴了國王。

世上沒有人能將王所問的事說出來。但他們萬萬沒有想到但以理：他認識神，因此可以依靠神做遠遠超過凡人所能做的事。*因此，王氣憤憤地大發烈怒，吩咐滅絕巴比倫所有的哲士。於是命令發出，哲士將要見殺，人就尋找但以理和他的同伴，要殺他們*（但 2：12–13）。

王的護衛長來抓拿但以理，但以理並不懼怕。護衛長對他說：「你是哲士中的一員，我們奉命將你帶出去處死。」

被擄的希伯來青年回答，*「王的命令為何這樣緊急呢？」 ……但以理遂進去求王寬限，就可以將夢的講解告訴王*。（但 2：15–16）

他讀過摩西律法，他是屬那些相信摩西曉諭有關隱秘的事是千真萬確的人之一：*隱秘的事是屬耶和華我們神的，唯有明顯的事是永遠屬我們和我們子孫的*（申 29：29）。他也許對自己說：「我的神知道這個奧秘，我相信祂會向我揭示。」他也許還召集了他的三個朋友，一起舉辦了一次禱告會——這也許是巴比倫有史以來第一次禱告會。他們對待巴比倫王的恐嚇音信，就如同一百年前希西家處理亞述王的恐嚇信一樣（參 王下19）。他們*將書信在耶和華面前展開*（王下 19：14）。他們祈禱神將這個秘密向他們揭示。向神禱告祈求後，他們沒有立刻得到應允，就上床睡覺了。

倘若你我想到自己次日清晨有人頭落地的危險，當晚一定難以入眠。但以理卻睡著了，因為我們被告知，這奧秘的事是神在夢中或夜間異像中向他揭示的。但以理的信心之強大，所以他能在死亡的陰影下安然入睡。假如他的朋友們徹夜未眠，他們也許整夜都在禱告。

但以理面立王前

清晨，但以理傾心感恩，*稱頌天上的神*（但 2：9）。他沉浸在《詩篇》一百零三篇之中：*我的心哪，你要稱頌耶和華；凡在我裡面的，也要稱頌他的聖名！*（詩 103：1）保羅和西拉在腓立比的監獄裡也懷有同樣的感恩之心，經上說，*保羅和西拉禱告，唱詩讚美神，眾囚犯也側耳而聽*（徒 16：25）。

但以理進了王宮，來到護衛長室，對護衛長說，「*求你領我到王面前，我要將夢的講解告訴王。*」（但 2：24）他站在尼布甲尼撒王面前，就像約瑟站在法老面前一樣（參 創 41：16），在解夢之前，他將榮耀歸給神：*只有一位在天上的神能顯明奧秘的事*（但 2：28）。但以理把自己降為無有，他本人甚麼都不是。他不希望王高度評價他。這才是最崇高的奉獻精神——當一個人隱藏自己，尋求高舉神和他的救主，而並非他自己。然後，但以理開始描述這個夢：*王啊，你夢見一個大像，這像甚高，極其光耀，站在你面前，形狀甚是可怕*（但 2：31）。

我可以想像，當王聽到這段開場白時，他的眼睛是如何發亮的，我幾乎聽他在喊：「是的，就是這樣！整個夢裡的場景都回來了！」

> *這像的頭是精金的，胸膛和膀臂是銀的，肚腹和腰是銅的，腿是鐵的，腳是半鐵半泥的*（但 2：32–33）。

「是的，就是這樣，」王也許回答說。「這一切我現在都回想起了。不過肯定還有更多的東西。」

> 於是，但以理繼續說：*你觀看，見有一塊非人手鑿出來的石頭打在這像半鐵半泥的腳上，把腳砸碎。這就是那夢，我們在王面前要講解那夢*（但 2：34，36）。

之後，在死一般的寂靜中，但以理接著解夢；他告訴王，那尊大像的金頭就是王本人。你就是那金頭（但 2：38）。他接著講述了另一個即將興起的王國——不是那麼美麗，但更堅硬，因為銀比金更堅硬，但黃金則更純淨，這代表了瑪代波斯帝國（Medo-Persian Empire）（銀會失去光澤，而金不會）。但銀臂要推翻金頭。

但以理本人親眼目睹了那預言性夢中部分實現的那些日子。他活著看到居魯士（Cyrus）推翻迦勒底人的霸權。他活著看到帝國的權杖落入瑪代和波斯人的手中。但以理雖沒有看到，但預言最終成實：緊隨其後的是強大的希臘征服者，亞歷山大大帝，他推翻了波斯王朝；希臘曾一度統治世界。然後興起的是建立羅馬帝國的凱撒大帝，以鐵腿為像徵，這是當時世界上最強大的力量，但含有很多雜質（

鐵很容易生鏽)。幾個世紀以來，羅馬帝國坐在那七座山上，統治著地球上的各國。然後，時空輪轉，羅馬政權被粉碎，強大的羅馬帝國分裂成十個王國，對應於預言中那尊大像的十個腳趾頭。

我相信神所賜但以理的話句句應驗，並且堅信預言最終結局的肯定應驗，即那非人手鑿出來的石頭，將這個世界的所有帝國都碾成灰，最終帶來和平的國度。

儘管大像的腳是黏土，但黏土裡面卻還殘留著一些鐵的力量。就目前來說，我們已經到了腳趾頭的部位 —— 甚至到了這些腳趾頭的最尖端。很快，非常之快，衝撞可能就會發生，然後，一切都將結束。*「非人手鑿出來的石頭」*肯定會到來——而且可能很快就會到來。

在這個異象幾年之後，先知以西結的預言說了什麼？*當除掉冠，摘下冕，景況必不再像先前；……我要將這國傾覆，傾覆，而又傾覆。這國也必不再有，直等到那應得的人來到，我就賜給他。*(結 21：26–27)

使徒保羅說了什麼？*直到我們的主耶穌基督顯現。到了日期，那可稱頌、獨有權能的萬王之王、萬主之主……要將他顯明出來。但願尊貴和永遠的權能都歸給他！*(提前 6：14–16)

是的，第五個君主制即將到來，而且可能很快到來。向第五位君王致敬，祂將以公義掌管世界，執掌權柄，*從大河直到地極*(詩 72：8)。很快，「基督來了！」的呼聲將響徹全球。日月如梭。振作起來，神的孩子們；我們的君王即將來到！對於那些還沒有把心交給基督的人，我想說，不要浪費時間！如果你想成為那即將到來的主的國度的公民，最好趁著門敞開的時候，立即進入。否則，很快，「太晚了！太晚了！」將成為你的哀哭。

當尼布甲尼撒王聽完但以理對夢的完整描述和講解後，他很滿意自己終於找到了一個真正有智慧的人。他賞賜給但以理許多上等的禮物，並將他提升到僅次於王的位置，就像很久以前法老高抬約瑟一樣。當但以理被提升到高位和權力時，他並沒有忘記他的朋友；他求王提升他們，因此，他們也被安置在榮譽和信任的位置。神特別祝福他們，無論是在順境還是逆境中，祂保守他們的忠心。

從那一刻起，但以理成了一個偉大人物。他被授權管理巴比倫省。他從捆綁中解放出來——從奴役中解放出來。他是個年輕人，大概不超過二十二歲，卻管理著一個強大的帝國。實際上他成了當時整個已知世界的統治者。

當適當的時候到來時，神也會高舉我們。我們用不著推銷自己；我們不用為地位而奮鬥。讓神把我們放在當屬的地方。一個人即使在地上沒有地位，他最好能與神和好。然後，他可以抬起頭來，知道神對他很滿意。這就心滿意足了。

為主打好仗

你的爭戰如何？
終生與邪惡戰鬥？
非婦姑勃溪之爭，非趨名逐利之鬥；
這是巨人和君王的戰爭。

你的仗打得可好？
與死亡黑暗力量的生死搏鬥？
難道這不是強者跟強者之鬥；
在最激烈的時刻你身處其中？

不要害怕喧囂和煙霧，
令人窒息的熾熱毒氣；
鼓起勇氣！這是神的爭戰；
前去，為了祂而勇敢投入！

千萬人為此倒下！
血紅色的田野散落著壯士之軀；

勇敢地緊握你明亮的盾牌和劍;

戰鬥到底，你非孤身一人在戰。

雖有千萬人嚇倒，

或曠野，或屈服，或在軟弱恐懼中逃離!

不要隨從眾人的恐慌;

你將是主的吶喊——勝利!

——霍拉修斯·波納[3]（1868）

3 霍拉修斯·波納（Dr. Horatius Bonar, 1808-1889），蘇格蘭牧師、詩人。

第三章

不崇拜偶像

尼布甲尼撒王造了一個金像，高六十肘，寬六肘，立在巴比倫省杜拉平原。——《但以理書》三章1節

時光流逝，幾年過去了，又一場危機發生了。我們不知道，那個巨大人像的夢是否繼續困擾著尼布甲尼撒，但很可能這個夢促使了尼布甲尼撒的下一步行動。他下令建造一個巨大的塑像，並且是金的——不是鍍金，是純金的。

黃金是繁榮的象徵，此時的巴比倫確實很繁榮。同樣，在耶路撒冷繁榮的日子裡，黃金很豐富，因此，還有可能，從猶太首都擄走作為戰利品的黃金被用來打造這座金像。金像的尺寸巨大——超過九十英尺高，寬九到十英尺。這個巨大的金像建立在巴比倫城附近的杜拉平原上。尼布甲尼撒也許想藉此開創一個普世宗教來滿足他的帝國虛榮心。

然而，當金像落成典禮的時候到了，但以理不在。他也許在埃及，或者在某個省份處理王國事務。如果他人在巴比倫，那麼經上肯定會有記載。尼布甲尼撒王差人將總督、欽差、巡撫、臬司、藩司、謀士、法官和各省的官員都召來出席金像的開光典禮。那天早上的聚會真是非常隆重！早上驅車前往杜拉平原的場景真是非常吸人眼球。所有的達官貴人都在那裡。

聽！四面號角響起；王的傳令官大聲呼喊：「*各方、各國、各族的人哪，有令傳於你們：你們一聽見角、笛、琵琶、琴、瑟、笙和各樣樂器的聲音，就當俯伏敬拜尼布甲尼撒王所立的金像。凡不俯伏敬拜的，必立時扔在烈火的窯中。*」（但 3：4–6）

也許儀式中有一項是揭幕金像。但無論如何，有一件事是肯定的：在給定的指令下，所有的人都要伏地敬拜。

但是神的律法反對這樣的作法。神在西奈山說話，神的手指在石板上寫下——*除了我以外，你不可有別的神*（出 20：3）。國王的法令直接違反了神的律法。雖然但以理人不在杜拉平原，但他的影響力仍在那裡。他影響了他的三個朋友——沙得拉、米煞和亞伯尼歌。他們人在杜拉，他們和但以理受到相同的神的靈的激勵。在落成典禮的時候，因他們身居王朝的高位，他們被召到杜拉。

請記住，任何人若忠於神並為祂而活，他必定在某時某刻會受到這個世界的拒絕。那些企圖為兩個世界而活的人必定慘遭失敗；因為，總有一天，兩個世界的衝突會到來。是不是我們所有人都會建議但以理的三個朋友不惜一切代價持守真道？難道，我們中間沒有一些人脊梁骨很軟，會建議這三個人為了保命，只要稍稍鞠躬，這樣沒人會注意到——只是鞠躬，而不敬拜？

但以理和他的朋友們剛來到巴比倫時，他們就意識到兩個世界——眼前的世界和未來的世界——會發生衝突；他們選擇了未來的世界。他們選擇了那肉眼看不見的永恆。他們的決定不是暫時性的，而是一生一世的，並且當即就立定心志：就算要了他們的性命，那又怎麼樣？這只會讓他們加速走向榮耀，他們會得到更大的獎賞。他們為神和那肉眼看不見的世界挺立。這三位信實的人完全拒絕向黃金之神屈膝敬拜。

凡不服從王的命令的會受到可怕的懲罰：*凡不俯伏敬拜的，必立時扔在烈火的窯中*（但 3：6）。這不是一個口頭上的威脅而已。正如先知耶利米早就記載的，這句話與兇惡殘暴的巴比倫王的品格和行為相吻合：*願耶和華使你像巴比倫王在火中燒的西底家和亞哈一樣！*（耶 29：22）[4]

有多少人會在巴比倫這座城市——其實是每個城市——高呼：「給我金子，給我錢，我會做任何事！」有人會說，尼布甲尼撒時代的人不應該向金色的塑像鞠躬，然而，他們自己每天都在這樣做。金錢就是他們的神；社會地位就是他們的黃金形像。今天，有很多人向世界的金色雕像鞠躬

4　慕迪原註：我們要記住，將人活燒並不只是發生在遙遠的國家和野蠻的時代。三百年前，一位英國女王，其別名已成為猙獰殘暴的同義詞，在她短短五年零五個月的統治期間，在英國有不少於二百七十七人被活活燒死，其中有五十五名婦女，四名兒童。譯者註：這裡的英國女王指的是瑪麗一世（1516-1558），別名血腥瑪麗（Bloody Mary）。

伏拜。「給我金子！給我金子，你可以有天堂。給我位置，你可以擁有未來。給我世上的榮譽，我可以廉價賣給你天堂的希望。給我三十塊銀子，我就給你基督。」這就是當今世界的呼聲。

接著，命令下來了——很可能是王本人下達的——樂隊開始演奏——就像今天特殊場合演奏的樂隊一樣。音樂聲之大，很遠處都能聽到。當第一個音符響起時，所有人都要向金像鞠躬敬拜。地上的偉人和強人在王的命令下紛紛鞠躬。但是，在場的就是有三個人，他們的膝蓋硬是沒有彎曲。那就是但以理的三個朋友。他們知道，若聽從王的命令下拜，那就會違反神的律法。他們選擇不跪下敬拜。在王的命令下，他們來參加落成典禮；這樣做也許沒有錯，但他們不會向金像俯伏敬拜。在這一點上，他們有錚錚鐵骨。他們記住了命令，*除了我以外，你不可有別的神*。這才是神想要的僕人——勇敢無畏為祂挺身而出的人。

就像主所有的僕人和所有走在天路上的人一樣，這三個希伯來人也有對他們心懷苦毒的敵人。這些人很可能認為這三個希伯來人能身居要職是因為得寵。因此，除了三個年輕的希伯來人之外，在場還有其他一些人沒有按照命令俯伏敬拜。你知道他們在幹什麼嗎？他們在監視沙得拉、米煞和亞伯尼歌。假如他們按照尼布甲尼撒的命令將臉伏在地上，就不會看到但以理的三個朋友拒絕鞠躬。

他們不會看到三個年輕的希伯來人站在那裡，腰桿挺直。那些迦勒底人用眼角偷偷盯著這三個年輕人。

憑這些年輕的猶太人在巴比倫的日常行事為人，監視他們的人確信他們不會向金像鞠躬。他們知道這三人不會犧牲自己的原則。儘管這三人平時依法遵守王的命令，但總有一天，當某件事和自己的原則相違背時，他們會劃清界限。當地上當權者的命令與天上神的命令發生衝突時，他們不會屈服於地上的當權者。哪怕監視的人盯著，這些年輕人照樣沒有低頭。

感謝神，他們真有骨氣——如果你允許我這樣表達的話。有一種內力穩住了他們的膝蓋，使他們堅強不屈；他們站在那裡，堅如磐石。他們*靠著主，倚賴他的大能大力做剛強的人*（弗 6：10）。他們沒有半屈著身體，讓人以為他們會崇拜這個金像。不存在那種似是而非的東西。他們站立在那裡，筆直堅挺。

有一些迦勒底人想要剪除這幾位年輕的希伯來人。或許他們貪圖這三位希伯來人的地位，或者眼盯著三位希伯來人的職位。無論什麼時代，人都是一樣的。毫無疑問，巴比倫有很多人想佔有這三人的位置。這三個人身居高位，這些職位享有很高的榮譽，所以他們的敵人想把他們趕下台，然後繼承他們的職位。這是一種非常糟糕的情況——人為了獲得自己的地位想方設法把別人拉下來，而世界上這樣的事情層出不窮。許多人的聲譽也因此被一些貪圖他們職位的人玷污毀壞。

於是，那些人就前去見王通報。他們先行禮拜：*願王萬歲！*接著，向王控告那幾位不服從王命令的希伯來人。*現在有幾個猶大人，……王啊，這些人不理你，不侍奉你的神，也不敬拜你所立的金像*（但 3：12）。

「我王國里居然有三個不服我令的人！」尼布甲尼撒也許怒氣沖天、大聲咆哮.「不行！這些人是誰？叫什麼名字？」

「哦，就是我王設在位居我們之上的那三個希伯來俘虜——沙得拉、米煞和亞伯尼歌。當典樂響起，他們沒有俯伏敬拜；這事人人都知道，到處議論紛紛。如果王讓他們不受刑法，用不了多久，王的法律就會毫無價值。」

可以想像，王下令將這些人帶到他面前時，氣得幾乎說不出話來。

> *沙得拉、米煞、亞伯尼歌，你們不侍奉我的神，也不敬拜我所立的金像，是故意的嗎？*
> （但 3：14）

「是如此，的確如此」沙得拉也許回答說，「字字確鑿，我王。」

尼布甲尼撒決定給他們最後一次機會。*你們再聽見角、笛、琵琶、琴、瑟、笙和各樣樂器的聲音，若俯伏敬拜我所造的像，卻還可以，若不敬拜，必立時扔在烈火的窯中。有何神能救你們脫離我手呢？*（但 3：15）

這話很簡單明了，不是嗎？沒有花言巧語、圓滑修飾。

若這樣做，你就存活；不這樣做，你必定死。但是，王的威脅對他們來說並不可怕。他們轉身對王說：*「尼布甲尼撒啊，這件事我們不必回答你。即便如此，我們所侍奉的神能將我們從烈火的窯中救出來。王啊，他也必救我們脫離你的手。即或不然，王啊，你當知道：我們決不侍奉你的神，也不敬拜你所立的金像！」*（但 3：16–18）

這回答也相當直截了當。巴比倫王還不習慣有人這樣跟他說話。他很不喜歡。經上說他*怒氣填胸*。

這幾位希伯來人說話恭敬且堅定。請注意，他們並沒有絕對地說神會把他們從烈火焚燒的窯中拯救出來，但他們宣稱神有能力拯救他們。他們毫不懷疑，神有能力做到這一點。他們相信祂會這樣做，但並沒有否認尼布甲尼撒被允許實施惡刑的可能性。

儘管如此，這並沒有讓他們動搖。但*即或不然*——如果在神那凡人難以理解的旨意下，祂允許他們受苦，他們的決心也是如此：*我們決不侍奉你的神，也不敬拜你所立的金像*。他們不懼怕將巴比倫王擱置一邊而和萬王之王同在。那些人非常有勇氣。我很想知道，今天，在紐約、波士頓、巴爾的摩或芝加哥是否能找到三個這樣勇敢的人！他們的心是多麼安定！感謝神，有這麼大的勇氣！感謝神，有如此大的膽量！我們只要有幾個這樣為神勇敢無畏的人，很快就能把世界翻個身。可惜的是，今天，他們會被人們視為狂熱分子；人們會建議他們用鞠躬來做做樣子，只要不「崇拜」塑像就行。然而，對這三位希伯來人來說，即使是做做樣子的建議也太過分了。他們立定心志遠離邪惡，哪怕是僅僅是做做樣子的表面現象。

看看巴比倫王的反應。我可以想像他在憤怒中，渾身像白楊樹葉一樣顫抖，臉色變得如死亡般蒼白。*當時尼布甲尼撒怒氣填胸，向沙得拉、米煞、亞伯尼歌變了臉色，吩咐人把窯燒熱，比尋常更加七倍。又吩咐他軍中的幾個壯士，將沙得拉、米煞、亞伯尼歌捆起來，扔在烈火的窯中。*（但 3：19-21）

命令立即執行，這三人被扔進了火焰中。大火如此猛烈，甚至將那些把他們扔進火裡的壯士們也吞沒了。[5] *這三個人都被捆著落在烈火的窯中，似乎他們無法得救*（但 3：23）。王從他的王座上向窯裡張望，預期看到叛逆者被燒成灰燼。

但是，當尼布甲尼撒盯著火窯，期待他的複仇得到滿足時，讓他驚訝萬分的是，他看到那些人竟然在火焰中走來走去。他們走著——他們沒有奔跑——彷彿走在綠色的牧場或寧靜的溪水邊。除了捆綁的繩子被燒掉之外，他們毫髮未傷。一想到魔鬼能做的最壞的事不過就是燒掉捆綁神兒女的束縛，我的心情就非常快樂。如果基督與我們同在，那麼最可怕的苦難也只會鬆開我們在世上的束縛，讓我們自由地越飛越高。

那天，尼布甲尼撒看到了奇怪的事情。透過火焰，他看

5 慕迪原註：那些站在一個大煉鐵爐「進料」平台上的人，當爐門猛然打開時，會親身體驗到煉鐵爐的吸力將他們拉到平台的邊緣。這是因為大氣的巨大壓力衝過來填補爐內的真空。這些人很容易理解靠近爐嘴將是多麼危險。如果尼布甲尼撒的壯士們斗膽進入火焰可及的範圍內，很容易就被吸到爐子的熊熊火焰中。

到有四個人在火中行走，雖然只有三個人被投入其中。這是怎麼回事？原來，天上的大牧者看到祂的三隻小羊身處惡境，就飛躍而下，直接進了火窯。所以，當尼布甲尼撒往火裡看時，他看到了第四個人的身影。

> *那時，尼布甲尼撒王驚奇，急忙起來，對謀士說：「我們捆起來扔在火裡的不是三個人嗎？」他們回答王說：「王啊，是。」王說：「看哪！我見有四個人，並沒有捆綁，在火中游行，也沒有受傷，那第四個的相貌好像神子。」*（但 3：24–25）

無疑，祂就是神的兒子。[6] 當大牧者看到祂三個真正的僕人處於危險之中，便從祂父親的懷抱中來到他們身邊。祂目睹了企圖燒死這三個忠實門徒的可怕場面，祂那溫柔憐憫的眼睛親眼見到人們因為對祂的忠誠而被處死。

祂從父的身邊縱身一躍，從祂榮耀的宮殿直接跳入火窯，將火擋在這三人之前。在熊熊火焰環繞中，耶穌與祂的僕人們在一起，他們連一根頭髮都沒有燒焦。他們不但沒有被燒焦，甚至身上連煙火的氣味都沒有。我幾乎看到他們在高呼：*你從水中經過，我必與你同在；你趟過江河，水必不漫過你；你從火中行過，必不被燒，火焰也不著在你身上*（賽 43：2）。

6 慕迪原註：這第四位人就是主耶穌基督；祂曾向亞伯拉罕顯現，和雅各摔跤，這一真理是所有的解經家/傳道人都接受確認的。說句公道話，原文中沒有明確冠詞，然而句子讀作「神子」。

當我們過江河時，神會眷顧我們；當我們穿過大火時，神會看顧我們。只要我們為祂挺身而出，神能看顧我們。只要我們為祂挺身而出，神會眷顧我們。年輕人，榮耀神，神就會榮耀你。你所要行的就是和神站在一起。如果你必須與整個世界抗爭，就當和神站在一起。敢於行正事；敢於說真話；敢於坦誠相見。不必為後果擔憂。

很多時候，你也許會失去你的工作，因為你的良心告訴你，你不能也不可以做雇主要你做的錯事。那就放棄你的工作，而不是放棄你的原則。如果雇主要你以虛假、欺詐或偽裝的方法出售商品獲利，放棄你的工作，說：「我寧願變成窮光蛋死去；我寧願死在貧民窟，也不願背棄我的原則。」那幾位希伯來人就是具有這樣的原則和勇氣。這些偉大的英雄們甚至不懼死亡，因為神與他們同在。哦，朋友們，我們要成為有同樣骨氣的基督徒——無論是男是女，隨時準備為正義挺身而出，不在乎世界會怎麼想或會說什麼。

於是，尼布甲尼撒就近烈火窯門，說：「至高神的僕人沙得拉、米煞、亞伯尼歌，出來，上這裡來吧！」（但 3：26）*沙*得拉、米煞、亞伯尼歌就從火中出來了，毫髮未傷。他們出來的時候意志清醒如巨人一樣。想像一下，所有的王子、總督、謀士和名人圍在他們周圍，看到這樣一個前所未聞的景象。他們的衣裳沒有火燒的痕跡；甚至連頭髮都安然無恙。就好像神在教導他們祂將如何保護他們，*就是你們的頭髮，也都被數過了*（路 12：7）。

尼布甲尼撒違背了神，被征服了。神證明自己能夠將祂的僕人從王的手中拯救出來。尼布甲尼撒接受失敗並下令：*現在我降旨，無論何方、何國、何族的人，謗讟沙得拉、米煞、亞伯尼歌之神的，必被凌遲，他的房屋必成糞堆，因為沒有別神能這樣施行拯救。*（但 3：29）

之後，尼布甲尼撒授給這三個見證人更高的官位和職權，並給予更大的榮譽。神看護他們，因為他們信守神的旨意。神希望我們做事不是因為它很時髦，而是因為它是合乎正道的。其結果似乎會導致死亡，但只要我們堅定持守行正事，神必將成就最好的一切。

這是我們在《但以理書》最後一次讀到這三個人。神差遣他們到巴比倫發光，他們確確實實在那裡發光。

活著！作工！等候！

誰能不為耶穌而活，
歡喜、快樂和自由？
贖回的生命的音樂，
祂對你的所有要求。

誰能不為耶穌作工，
當服務只是頌歌？
那愛的涓涓之流，
承載著你的靈魂。

誰能不為耶穌而死，
當死亡乃是勝利？
那宏偉高聳的聖門
日夜守護著永恆。

誰能不等候耶穌？
等候中甜美歌唱，
承諾安靜他們心，
靜候祂們的君王。

——伊娃・特拉弗斯・普爾[7]

7 伊娃・特拉弗斯・普爾（Eva Travers Pool，1855-1897），英格蘭基督教作家、聖詩作者。

第四章

驕傲先於毀滅

我尼布甲尼撒安居在宮中，平順在殿內。我做了一夢，使我懼怕，我在床上的思念並腦中的異象使我驚惶。——《但以理書》四章4-5節

過了一段時間，尼布甲尼撒又做了一個夢。顯然，人們會以為這個人早就應該看到神的大能。畢竟，他要見過多少神蹟奇事才能使他信服神的大能？這一次，尼布甲尼撒記得夢的細節。這些細節在他的腦海中清晰鮮明。

他再次召集了他所指望的那四類人；望他們能使黑暗的事物變得光明，使隱藏的事物變得清晰。他向他們講了夢的經過，但是，術師、占星家、迦勒底人和占卜師都無法解開這個夢。回想他們第一次被召來解夢時，個個都保持沉默。這次，當尼布甲尼撒向他們揭示這第二個夢時，同樣，他們再次保持沉默。在王的這些夢中，好像有什麼東西封住了他們嘴巴；通常，這些人都能作一些似是而非的解釋，說一些模棱兩可的話。對這兩個君王之夢，他們居然束手無策；結果他們被毆打。

剛開始時，尼布甲尼撒似乎忘記了那個曾向他講夢解夢的人。不過，尼布甲尼撒最後說，讓那但以理來到我面前。接著，他用迦勒底人的名字伯提沙撒稱呼但以理：

> *「術士的領袖伯提沙撒啊，因我知道你裡頭有聖神的靈，什麼奧秘的事都不能使你為難，現在要把我夢中所見的異象和夢的講解告訴我。我在床上腦中的異像是這樣：我看見地當中有一棵樹，極其高大。那樹漸長，而且堅固，高得頂天，從地極都能看見。葉子華美，果子甚多，可做眾生的食物。田野的走獸臥在蔭下，天空的飛鳥宿在枝上，凡有血氣的都從這樹得食。我在床上腦中的異象，見有一位守望的聖者從天而降，大聲呼叫說：『伐倒這樹，砍下枝子，搖掉葉子，拋散果子，使走獸離開樹下，飛鳥躲開樹枝。樹墩卻要留在地內，用鐵圈和銅圈箍住，在田野的青草中讓天露滴濕，使他與地上的獸一同吃草。使他的心改變，不如人心，給他一個獸心，使他經過七期。這是守望者所發的命，聖者所出的令，好叫世人知道至高者在人的國中掌權，要將國賜予誰就賜予誰，或立極卑微的人執掌國權。』這是我尼*

布甲尼撒王所做的夢。伯提沙撒啊，你要說明這夢的講解，因為我國中的一切哲士都不能將夢的講解告訴我，唯獨你能，因你裡頭有聖神的靈。」（但 4：9–18）

先知一出現，王就確信他能明白夢的含義。但是，有好長一段時間，但以理卻一動不動地站著。難道是他的心讓他失望了？經上只是說，*但以理驚訝片時，心意驚惶*（但 4：19）。他看到了王的夢的含義——王將遭遇一次慘重的失敗，王位將從這位驕傲的君王手中奪走一段時間。話雖到了嘴邊，但他忌諱說出來。他不想告訴尼布甲尼撒，他的王位和他的神智都即將離開他，他將四處遊蕩，像野獸一樣吃草。

王也猶豫了；一時間，一種黑暗的預兆壓倒了他的好奇心。不過，他已做好聽到最壞消息的打算，他甚至還善言相求但以理快快開始，講述他所知道的一切。於是，但以理打破了沉默。他沒有修飾其辭，而是坦率地陳述。就在那裡，他向王宣講了正義。那是一篇非常好的佈道。要是我們當今有更多這樣的佈道，那對我們來說就很榮幸。他懇求國王：*王啊，求你悅納我的諫言，以施行公義斷絕罪過，以憐憫窮人除掉罪孽，或者你的平安可以延長。*（但 4：27）

或許是為了鼓勵尼布甲尼撒，但以理告訴王，兩個多世紀前，當約拿傳講神的信息時，尼尼微王是如何悔改的（參　拿 3：6–9）。接著，但以理揭示了夢的全部含義。他告訴王，那棵又大又強壯的樹象徵著尼布甲尼撒本人，正如這棵樹被砍倒和摧毀一樣，他也會被剝奪權力和失去力量。但以理告訴他，他將從世人中被逐出，同荒野裡的野獸同吃住。然而，最終王國仍然歸還給他，就像那偉大的守望者存留樹墩一樣（參 但 4：26）。

如果尼布甲尼撒立即悔改，災難也許會推遲，甚至不會發生。但尼布甲尼撒當時並沒有悔改。過了一年後，王無視預言中的警告，趾高氣昂地漫步在宏偉宮殿的走廊上，眺望著這座無邊無際的城市。他凝視著那世界奇觀之一的空中花園，說：*這大巴比倫不是我用大能大力建為京都，要顯我威嚴的榮耀嗎？*（但 4：30）

頓時，有一個聲音從天上響起：*尼布甲尼撒王啊，有話對你說：你的國位離開你了！*（但 4：31）此時此地，神的話把他的神誌給打亂了；坐在寶座上，他的靈魂出竅。他從世人中被趕出；他與野獸同居；他全身被天露濕透。這位曾經是最偉大的王已經徹底變瘋了。

今天，我用不了十五分鐘就可以證明世界已經徹底瘋了——也包括大量自稱是基督徒的人。人們的思想和言行，難道不是處處表現，凡事都是靠自己的力量完成的嗎？難道不是把神給徹底忘了嗎？難道人們不是將祂以憐憫發出的每一個警告都給拋之腦後？是的，人確實都瘋了，而且到處都是。

尼布甲尼撒的悔改

但是，尼布甲尼撒的王國並沒有從他手中永遠失去。按先知的預言，七期過後，他的悟性恢復了，王位和權柄也就復歸於他。謀士和大臣又來朝見他。他元氣復原，跟以前相比，他是一個迥然不同的人。果然，王的聰明才智復歸了，他被一種截然不同的精神充滿。他發出新的宣告尊崇至高者，高舉天上的神。《但以理書》第四章的結尾談到尼布甲尼撒的悔改，從而證明但以理將這位大能的君王帶到了神面前。

我們來查考尼布甲尼撒的前後不同的宣告，注意其中發生的變化，是非常有意義的。之前，他發出一份宣告，下令其他人該如何行以及如何侍奉這幾位希伯來人的神（參　但 3：29）。但直到此時，他才真正知曉真理。這是他新的宣告：

> 日子滿足，我尼布甲尼撒舉目望天，我的聰明復歸於我，我便稱頌至高者，讚美、尊敬活到永遠的神。他的權柄是永有的，他的國存到萬代。那時，我的聰明復歸於我，為我國的榮耀，威嚴和光耀也都復歸於我，並且我的謀士和大臣也來朝見我。我又得堅立在國位上，至大的權柄加增於我。現在我尼布甲尼撒讚美、尊崇、恭敬天上的王，因為他所做的全都誠實，他所行的也都公平，那行動驕傲的，他能降為卑。

當你看到一個人讚美神時，這是一個好兆頭。較早的那份詔書列了很多關於其他人對希伯來人的神應盡的責任，惟獨隻字未提王本人該做什麼。哦，讓我們能確證自己個人對神的愛和讚美。這就是當今教會所需要的。尼布甲尼撒已經離開歷史舞台；這是有關他的最後記錄。但我們可以確信，像哥林多的信徒一樣，*他是因為依著神的意思憂愁，就生出沒有後悔的懊悔來，以致得救*（林後 7：10）。既然如此，我們應該相信，今天，尼布甲尼撒這位君王，和但以理這位被擄之人，一起手挽手走在天堂的水晶路面上，或許正在談論巴比倫的舊時光。

我們再來看，假如這位年輕的先知是個搖擺不定的角色，如果他生性柔弱，很容易被風吹動，沒有像一棵大橡樹那樣紮根在巴比倫城，你覺得，他能為他的信仰和他的神贏得這位強大的君主？正是因為這個年輕的希伯來人來到這座異教城市，堅定地為他的神——聖經的神而站立，主賜給他尊榮，給了他那強大的君主作為他冠冕上的一顆明星。我們可以坦白地說，尼布甲尼撒王被引導到希伯來人的神面前，是通過這位希伯來人愛的信心——因為他有一個堅定的目標，而且敢於公之於眾。

為主服務

為耶穌服務！哦，甜美的服務！
服務沒有將我捆綁；
充滿喜樂和最完美的圓滿，
永遠為祂，卻如此歡喜自由！

為耶穌服務！哦，權柄的服務！
分享祂的榮耀，分享祂的恥辱；
我主將所有最好祝福
賜給高舉祂名的僕人。

為耶穌服務！哦，服務帶來喜樂！
將我們的心融化成愛的河流；
生命的奧秘，生活的甜蜜，
地上喜樂將充滿我們天上。

為耶穌服務！哦，讚美的服務！
蒙救贖的人，喜樂，歌唱，
每時每刻他們歌聲高揚，
讚美那救主，頌揚那君王。

——伊娃·特拉弗斯·普爾

第五章

勿被定為虧欠

伯沙撒王為他的一千大臣設擺盛筵，與這一千人對面飲酒。——《但以理書》五章1節

大約有二十多年或更長時間，但以理似乎從公眾眼裡消失了。也許有那麼一段時間，他一直退居幕後，但到最後，他似乎仍然在巴比倫宮廷擔任一些職務，儘管沒有以前那麼顯赫。尼布甲尼撒已駕崩，有一個名叫伯沙撒的年輕人在巴比倫作王或攝政王。[8]

一些聖經學者認為，伯沙撒當時與他的父親那波尼德(Nabonidus)一起執掌王權，這與尼布甲尼撒和他父親共

8 慕迪原註：我們暫時回到尼布甲尼撒。事實上，在尼布甲尼撒成為唯一的君王之前，有一段時間他和他父親同掌王權，這就解釋了在經上有些日期上的明顯的難處。例如，尼布甲尼撒第一次圍攻耶路撒冷時被稱為*巴比倫王*（但 1: 1; 王下 24: 1; 代下 36: 6）。攻克耶路撒冷後，他將但以理和其他俘虜作為人質帶回巴比倫。然後，他下令對四個年輕的希伯來人進行教育和培訓，用了整整三年的時間。接受了三年的培訓以後，他們被稱為博士或哲士（但 1: 5, 18; 2: 2）。這樣，從時間上來看，自耶路撒冷被圍攻以來至少已經過了三四年，然而，經上說，尼布甲尼撒的夢是在**他作王的第二年發生的**。這裡時間上似乎有差異。但請注意的是，《但以理書》二章1節中的「*尼布甲尼撒在位第二年*」指的是他父親去世之後，在此期間他已獨自為王，這樣的話，時間上就順理成章了。

同統治的方式大致相同。同時，有人認為，那波尼德不久前剛剛與居魯士（Cyrus）打了一仗，戰敗後逃往博爾西帕（Borsippa）。結果，伯沙撒代替他父親在巴比倫行事，而此時，正值那剛得勝的敵人兵臨巴比倫城下，他的父親則被困在另一個被圍的水洩不通的城堡中。儘管如此，這位年輕的統治者卻為*他的一千大臣設擺盛筵，與這一千人對面飲酒*。我們從經上只是很簡單地了解到這位王子。盛筵這一幕即是我們第一次也是最後一次讀到他，不過，這足以滿足我們對他的了解。

我們不知道這場盛筵持續了多長時間，在東方，宴會通常會開很多天。就拿猶太人來說，長達七天的歡宴並不少見，偶爾會延長兩倍，即十四天。這是一場盛宴。王與他的省長和大臣，巴比倫的將領和貴族，以及王后和妃嬪一起狂歡，*他們飲酒，讚美金、銀、銅、鐵、木、石所造的神*（但 5：4）。而當今的世界，人們如果向世俗的神屈膝敬拜，那麼所做的無非也是如此。

居魯士，偉大的波斯將軍，正在城門外圍攻這座城市，就像尼布甲尼撒圍攻耶路撒冷一樣。而這位伯沙撒卻昏頭昏腦地以為，身在環繞巴比倫的高牆後面，將萬無一失。

狂歡者們變得暴虎馮河。正如尼布甲尼撒時代所顯現的那樣，他們忘記了希伯來人的神的力量。酒使他們渾身發熱，驕傲使他們目中無人，他們居然將褻瀆神明的手放在從耶路撒冷的聖殿中帶出來的金器皿上，並從那些聖杯中暢飲。當他們向自己的偶像喝酒歡慶時，可以相信他們是在嘲笑以色列的神。我眼前幾乎呈現出那罪惡的場景，我可以聽到他們在咒罵神的聖名。他們尋歡作樂，陶醉在喧鬧的狂歡中。

但是停下！發生什麼事了？王好像被他看到的東西震驚。他的臉色變了，變得像死一般的蒼白。酒杯從他手裡掉了下來，他雙膝顫抖。他從頭到腳全身發抖。我猜想，他的將領和貴族們暗地裡偷偷笑他，以為他喝醉了。但是，沿著牆壁，在明亮的燈光下，他們看到了那形狀奇怪且難以辨認的字母。*當時，忽有人的指頭顯出，在王宮與燈檯相對的粉牆上寫字。王看見寫字的指頭*（但 5：5）。

在金燭台的上方，[9] 在牆上的空白處，[10] 伯沙撒目不轉睛地盯著那神秘的筆跡。他分明看出這些字不同尋常。宮牆上的文字是否出自在西奈石碑上刻字的同一隻手？還是某位天使執行神聖的使命？*忽有人的指頭顯出* 這句話似乎暗示著後者。

王大聲呼喊，吩咐把術士、迦勒底人和觀兆者帶到跟前。這些人魚貫而入，王對他們說，*誰能讀這文字，把講解告訴我，他必身穿紫袍，項戴金鍊，在我國中位列第三* [11]（但 5：7）。

---

9 原註：另有一位作家說：「手指在燭台前寫字。這是什麼燭台？這是所羅門製作的金燭台，配上燈，現在展示在那裡，既表示嘲弄又顯示勝利，因為多年後，相同的東西裝飾了羅馬皇帝的勝利，以浮雕雕刻在提圖斯凱旋門上，就是在今天，在羅馬都能看到。」——*丹尼爾：《政治家和先知》*，160頁。

10 原註：「這些字是寫在宴廳普通石膏牆壁上；同樣的字畫，作為當時流行的裝飾品，仍然保存在尼尼微的宮殿中。見過萊亞德先生（Mr. Layard）描繪亞述古蹟的宏偉圖畫的人也許記得，這些精緻的文字裝飾，在牆上只裝飾到一定的高度。在那以上的牆都是空白的，非常樸素，直到今天仍然是石膏。」——*丹尼爾：《政治家和先知》*，160頁。

11 原註：位立第三——請記下來！伯沙撒的父親那波尼德可能是第一位；攝政王伯沙撒是第二位，解夢者將是第三位。

這群人一個接一個試圖解讀那段文字，但終究沒能看懂。他們精通迦勒底學，但這段銘文顯然讓他們困惑。他們無法理解其中的涵義，就像一個未重生的人無法理解聖經一樣。他們不明白神的文字；他們無法理解。一個人必須從聖靈生，才能明白神的書或神的文字。任何未受割禮的眼睛都無法破譯那些熾烈的話語。

皇后[12] 聽說了事情的來龍去脈，就前來鼓勵勸告。她向國王下拜禮說，*願王萬歲！你心意不要驚惶，臉面不要變色*（但 5：10）。然後，她告訴他，國中只有一個人能夠解讀這文字，說出其涵義。她接著說，在尼布甲尼撒王的日子裡，*這人心中光明，又有聰明、智慧，好像神的智慧*（但 5：11）。她建議王召見但以理。

這些年來，但以理也許鮮為人知。他可能從公眾眼裡消失了。現在，他第三次站在巴比倫的統治者面前，解釋和揭示王的術士和觀兆者對之束手無策的筆文。但以理進到王宮，當他看到牆上的文字時，他的眼睛亮了起來。他能讀懂這些話的意思。王提出他的賞賜，但是但以理不為所動：*你的贈品可以歸你自己，你的賞賜可以歸給別人，我卻要為王讀這文字，把講解告訴王*（但 5：17）。

但在但以理解讀牆上的文字之前，他向伯沙撒王表達了自己的想法。或許他早就祈求有機會來警告王，現在機會來了，即使那些達官貴人都在場，他也不打算讓機會流失。他提醒伯沙撒，他本應從強大的尼布甲尼撒王的經歷

12　原註：從她說話的那種權威性語氣來看，估計應該是王太后。

中吸取教訓——那位君王是如何被貶低、打倒，並從他的王位上被罷免的，因為*他心高氣傲，靈也剛愎，甚至行事狂傲，直到他終於悔改，知道至高的神在人的國中掌權，憑自己的意旨立人治國*（但 5：20–21）。*伯沙撒啊，你是他的兒子* [13]*，你雖知道這一切，你心仍不自卑，竟向天上的主自高……卻沒有將榮耀歸於那手中有你氣息，管理你一切行動的神*（但 5：22–23）。

然後，抬頭看著那些閃耀著燦爛光芒的神秘文字，但以理唸到：

> *彌尼，彌尼，提客勒，烏法珥新*
> *彌尼；就是神已經數算你國的年日到此完畢並結束它。*
> *提客勒；就是你被稱在天平里，顯出你的虧欠。*
> *毗勒斯*[14]*；就是你的國分裂，歸於瑪代人和波斯人。*（但 5：25–28）

那天晚上，厄運已到的聲音一定是響徹整個宮殿！那是一個可怕的警告。罪人，這也是給你的警告。如果神將你放在天平上，而你卻沒有基督做中保，你該怎麼辦？你的靈魂會變成什麼？你當從伯沙撒的命運中汲取教訓。

毀滅的厄運沒有延遲。王以為他非常安全；他認為巴

13　原註：這裡，以及另外幾處，兒子用來代表孫子，父親代表祖父。
14　原註：在解讀時，但以理讀成毗勒斯（PRESS），這是烏法珥新（UPHARSIN）的單數詞。　U在這裡有連接詞的作用。——*丹尼爾：《政治家和先知》，171-172頁。*

比倫的城牆堅不可摧。但就在同一天晚上，就在但以理宣告王將滅亡的那一刻，居魯士，那波斯征服者，從幼發拉底河逆水而上，將他的軍隊突進到那巨大的巴比倫城牆內。宮殿周圍的衛兵被擊退，波斯兵強行進入宴廳。伯沙撒的鮮血流淌，與灑在宮殿地上的酒混合在一起。

這是伯沙撒人生的最後一夜。短短一章經文向我們描繪了這位年輕君王人生的全部。他的生命很短暫。惡人的壽命活不到一半。這是一個不虔誠的年輕人，他忽視、忘記了神人但以理；他丟棄了他父親的顧問和朋友；他背棄了尼布甲尼撒最好的顧問和最忠實的僕人——但以理也許在建立和鞏固他的王國方面比任何人都更有貢獻。毀滅，這便是伯沙撒的結局。

罪人啊，請接受我的警告：死亡和地獄近在你的身邊——我再說一遍，死亡和地獄。也許對你來說，死亡和地獄，就如那屠戮者的刀劍，離那些午夜的狂歡者僅咫尺之遙。

第六章

敬畏神而非獅子

國中的總長、欽差、總督、謀士和巡撫彼此商議，要立一條堅定的禁令，三十日內，不拘何人，若在王以外，或向神或向人求什麼，就必扔在獅子坑中。——《但以理書》六章7節

在本章中，我們發現大利烏（Darius）統治著王國，而居魯士則繼續征服世界其他地方。大利烏很可能是參與圍攻巴比倫的高級軍事將領之一。大利烏一登基，就著手治理國家。他將王國劃分為一百二十個省份，並任命了每個省份的總督，又在總督之上立了三位總長，以確保這些總督不會使王受損或欺騙政府。他將但以理列為總長之首。

大利烏很可能知道但以理，而且認為他是一位幹練盡責的政治家。無論是大利烏王本人知道但以理還是其他人的舉薦都足以使他信任但以理。於是，但以理再次上任。他當時擔任除君王之外的最高職位。他的地位僅次於王座。

如果你允許我這麼說，他就是王國的俾斯麥[15]（Bismarck）或格萊斯頓[16]（Gladstone）。他即是總理，又是國務卿，所有重要的國事都必須經過他的手。

我們不知道他擔任該職位有多久，但遲早其他總長和總督會心生嫉妒，巴不得他下台。就好像他們在說：「讓我們看看能不能把這個道貌岸然的希伯來人除掉；他對我們發號施令的時間已經夠長了。」你看，他是那麼正直，他們甚至拿他沒辦法。這裡頭有很多稅吏和司庫，但以理眼睛一直緊盯著他們，結果他們只能拿薪水養家。但以理在位期間，這些人沒有機會貪宮廷的便宜。他是總長，有可能所有的進賬都經他過目。

毫無疑問，這些敵人暗自結成同盟，看哪，*惡人彎弓，把箭搭在弦上，要在暗中射那心裡正直的人*（詩 11：2）。他們的談話可能有點像這樣：「如果不是這個人，我們可以結盟；這樣的話，再過三四年，我們就能賺到足夠的錢退休，在幼發拉底河畔擁有一棟別墅，或者，我們可以下到埃及，看看更多的世界。我們會有很多錢——擁有我們想要的一切，或者是我們的子孫想要的東西——假如我們能夠控制政府，按我們的意願來管理事務。現在的情況是，我們只能得到我們規定的俸薪，這要花很多年才能積累到可觀的數字。如果我們自己掌握各項事務，那情況

15 俾斯麥（Bismarck, 1815-1897），德國政治家，曾擔任德意志帝國首相。

16 格萊斯頓（W. E. Gladstone, 1809-1898），英国政治家，曾担任英国首相、财政大臣。

就大不一樣了，因為大利烏王對王國的事務根本不了解，甚至不及這個老希伯來人的一半。這個老希伯來人緊盯著我們的賬目，讓我們無法從宮廷獲利。我們要打倒這個虔誠的猶太人！」

也許他們費盡心思成立調查委員會，希望能從但以理處理的事務中找破口。但結果證明毫無用場。假如他真的開後門把親屬安插在各種職位，那他很快就會被發現。他如果真犯了貪污或違反了王國的法律，很快就會公之於眾。

調查的結果，但以理的敵人反倒向他獻上有史以來對一個人最崇高的頌詞。這些人與王國各個省份的總督合在一起，擠盡腦汁，最後得出的結論是：*那時總長和總督尋找但以理誤國的把柄，為要參他，只是找不著他的錯誤過失，因他忠心辦事，毫無錯誤過失……我們要找參這但以理的把柄，除非在他神的律法中，就尋不著。*（但 6：4-5）

他的死敵作了何等的見證！如果我們所有的人都能得到這樣的見證就好了。他從未受過賄賂；他從來沒有拉幫結派；他從來沒有讓朋友擔任一些有利可圖的職位，來分享戰利品，讓自己發財致富。假如他在任何一件事上有罪，這些監察的人就一定會發現。他們對不當行為有敏銳的嗅覺；他們是精明的人；他們對他的行為和歷史瞭如指掌。他們會很高興找到一些把柄——任何把柄——可以導致他被免職。然而，他們非常遺憾地說：「我們找不到任何定他罪的破口。」

啊，他的名字是多麼光輝閃耀。他在年輕的時候就閃耀著光芒，並且一直都閃耀著光芒。他*深知名譽強如美好的膏油*（傳 7：1）。雖然如今他是一個老人，一個老政治家，但這些話是他的敵人對他一生的見證。他沒有為了獲得選票而犧牲原則，沒有收買人的選票或良心，沒有「計入」或「計出」。所有這些都沒有。他從一開始就行在正道上。

年輕人，人品比金錢更值錢。*行正直路的步步安穩，走彎曲道的必致敗露*（箴 10：9）。在這個世界上，品格比任何其他東西都更有價值。我寧願有但以理這樣的品格——連他的敵人都這樣評價他，也不願在我死後有一座聳入天際的黃金碑。我願擁有像但以理那樣的見證，強過擁有這個世界所能給予的一切。

那些人說：「我們定會把他弄掉。我們要讓王簽署一項禁令，然後我們會提出懲罰。這次不會是火窯。我們要有一個獅子坑——一個裝滿飢餓憤怒獅子的坑；這些野獸很快就會吃掉他。」這些密謀者可能在晚上會面，因為大多數情況下，人們想做任何卑鄙的事情，都會在晚上見面；黑暗最適合他們。首席總長（譯者：但以理）本人不在場，因為他沒有被邀請會見他們。很有可能，某個熟知瑪代和波斯人律法的律法師站起來說：「大臣們啊，我有一個行之有效的計劃，按這計劃我們一定可以搞掉這個希伯來老傢伙。你們都知道，他只侍奉亞伯拉罕和以撒的神。」

我們非常清楚這一點，如果那個時候有人去了巴比倫，他根本不必問但以理是否愛聖經中的神。任何一個活著的人，如果人們要問：「他是基督徒嗎？」 我就覺得很可憐。讓我們如但以理那樣生活，這樣，就沒有人要問我們是否是基督徒。這些人非常清楚，但以理所敬拜的正是聖經中的神，希伯來人的神，亞伯拉罕的神，摩西的神——帶領祂的子民以色列人出埃及，過紅海，進入應許之地的神。他們非常清楚這一點。

這些陰謀者互相參謀說：「現在，我們要大利烏王立一項禁令，*三十日內，不拘何人，若在王以外，或向神或向人求什麼，就必扔在獅子坑中*。我們各自要對這事絕對保密，免得讓人知道。連我們的妻妾都不能告訴，否則消息傳遍全城，可能傳到但以理。他對王的影響比我們所有人加起來還要大。王若知道背後的目的是什麼，他將永遠不會立這禁令。」

他們也許接著說，「這禁令必須得起草嚴謹，無任何更改的餘地，大利烏一旦簽字蓋章，就無法收回。這禁令必須有強制性的約束力，一旦王簽字蓋章，我們就可以按禁令將但以理投進獅子坑中，之前我們要保證先讓獅子餓著。」

當陰謀的陷阱準備就緒後，這些陰謀家來到王面前，開始執行他們的計劃。他們用奉承的話開始：*願大利烏王萬歲！*當有人用花言巧語接近我時，我就知道他們心裡另有所圖；我知道，他們當面說我是個好人是另有目的的。也許，這些陰謀家繼續跟王說這個國家有如何的繁榮，國民對他有多麼的敬重，等等。接著，他們以最令人信服的口氣告訴大利烏王，說他若立了這條禁令，那麼子孫後代都將記住他，將永遠紀念他的偉大良善。

「你們要我立的禁令是什麼？」當他粗粗看了一遍呈文後，他說，「我看不出任何要更改的地方。」

一位總督說：*「王啊，現在求你立這禁令，加蓋玉璽，使禁令決不更改，照瑪代和波斯人的例是不可更改的。」*（但 **6: 8**）

王回答說：「哦，是的，瑪代和波斯人的誡律；這就對了。」他在法令上簽名，蓋上玉璽。沉浸在滿足了這些總督們的請求的得意中，他根本沒有想到但以理，那些總長和總督們也格外小心，避免引起他的記憶。他們還對王撒了謊，因為他們說，*國中的總長、欽差、總督、謀士和巡撫彼此商議，要立一條堅定的禁令*，儘管首席總長（譯者：但以理）對此一無所知。（但 **6: 7**）

這些人也許給了一長串的開場白，恭維說大利烏是多麼受歡迎，比尼布甲尼撒、伯沙撒更受民愛戴。他們湊他的虛榮心，說他是統治巴比倫列王中最得民心的。然後，他們繼續恭維，說是無比欣賞他和他的治理，而且一直在商討如何提高他的聲望，讓他更受愛戴。接著，他們就告訴他一個肯定能實現的計劃。他們指出，如果三十天之內，人人祈求他為神明，別無其他任何神明，那他自然就成為神明，並成為巴比倫有史以來最受愛戴的君主，他的名字也將代代相傳。他要是能讓人們以他的名祈求三十天，人們就會繼續祈求他，繼而永遠把他列為眾神之一。

如果你湊合一個人的虛榮心，那麼他就會為你做事，而大利烏就像大多數人一樣。他們迎合他的虛榮心，暗示給他，按他們的建議去做，將使他變得更偉大。大利烏本人也認為這是一個非常明智的建議，就同意了他們。

這樣，他們不僅僅能除掉但以理，而且能除掉每一個有良知的猶太人。這些人都知道這一點，在那宏大浩瀚的帝國中，真正的猶太人是沒有一個會俯伏崇拜大利烏的。這樣，他們就可以一舉掃蕩所有忠於自己信仰的猶太人。因為這些人忌恨猶太人。

在此同時，我要告訴你，當今的世界不愛基督徒。如果一個人想過一個真正的基督徒生活，世界就會逼迫他。世界不以真正的恩典為友。一個人可以為世界而活，喜歡世界，逃避迫害。然而，如果世界對你無可挑剔，很顯然，這表明神為你也無言可說。如果你要為基督耶穌而活，你就必須對著世界逆流而上。

接著，總長和總督們準備就緒，將禁令的消息傳了出去；不久，消息就沿巴比倫的條條大路傳遍四方。城裡的人都知道但以理；他們知道他不會動搖。他們知道，這位頭髮灰白的老人不會左右搖擺；他們知道，如果他的敵人憑這條禁令把他抓起來，他絕不會拒絕、背離神。他們知道但以理忠於神。

但以理不是十九世紀病態的基督徒；他不是那種脊梁骨和腿都很軟的基督徒。他有道德上的毅力和勇氣。我的腦海裡浮現出這位年邁的、白髮蒼蒼的宰相正坐在他的桌旁，審閱其中一些省份總督的賬目。一些膽小怕事的希伯來人來找他說：「哦，但以理，你聽說最新消息了嗎？」

「沒有。是什麼消息？」

「怎麼？你今天早上沒去王宮嗎？」

「沒有，我今天沒有去過王宮。有什麼事？」

「是這樣，宮裡出了一個專門針對你的計謀。諸侯中有多人誘使大利烏王簽署了一項禁令，規定王國中任何人，若呼求除王以外的其他神靈三十天，他就將被捉拿起來餵獅子。他們的目的其實是要把你扔進獅子坑。現在，你只要離開一小段時間，只要離開巴比倫三十天，這對你和公眾來說都是上上策。你是國務卿和財政大臣；事實上，你是王國的要人。你是重要人物，來去自由。因此，你應該現在就離開巴比倫。萬一你決定留在巴比倫，那就千萬不要讓人看到你跪著禱告。無論如何，不要像過去五十年來那樣，跪在面向耶路撒冷的窗戶前祈禱。如果你要祈禱，千萬關上窗戶，拉上窗簾，關上門，堵住每一個縫隙，堵得嚴嚴實實的。你知道，肯定會有人躲在你家附近竊聽」。

我們十九世紀的一些基督徒會以同樣的方式建議但以理：「你是否能在埃及找一些重要的國事做，然後去一趟孟菲斯？你能不能想點什麼在敘利亞需要你解決的事務，這樣的話，你就可以立馬去大馬士革？或者，你可以說你需要去亞述，去訪問尼尼微。甚至，為什麼不遠到耶路撒冷，去看看這五六十年發生了什麼變化？總之，不管到哪裡去，只要離開巴比倫三十天，這樣你的敵人就抓不到你了。可以保證，這些人將晝夜監視你，因此無論你做什麼，要確保他們不會抓到你在屈膝禱告。」

許多男人羞於屈膝禱告。有許許多多的男人，假如被他的妻子看到跪在地上禱告，就會跳起來在房間裡走來走去，好像無頭蒼蠅一樣。有多少年輕人，從鄉下來到城市生活，失去勇氣，不敢在室友面前跪下來禱告。

有多少年輕人說：「不要讓我在這個禱告會上跪下來禱告。」人們沒有勇氣讓人看到他們在祈禱。他們缺乏正義的勇氣。成千上萬的人因為缺乏合乎正道的勇氣而失落；他們之所以失落，是因為，在某個關鍵時刻，他們畏縮不前，不敢屈膝跪下禱告，不願被人看到公開敬拜神——與主同在。事實上，我們是一群膽小鬼；這就是我們。這就是十九世紀基督教的恥辱！這是一種軟弱和病態的東西。我們今天若有一大批像但以理這樣的人就好了。

我眼前浮現出那頭髮花白的老人但以理，正聽著這些淒慘的幕僚的話——想要讓他壓縮、減少和改變，以犧牲他的良心為代價來挽救他的面子。但他們的建議落空了。想像一下，當但以理收到一個建議，建議他應該表現出對他列祖的神感到羞恥，他應當如何處理？他會對神感到羞愧或害怕敬拜嗎？當然不會！你我都知道他不會。

「他們會盯著你；到處都有他們的間諜。但是，假如你決心繼續祈禱，就請關上你的窗戶，拉上你的窗簾，堵住鑰匙孔，這樣，就沒有人可以看到你跪下祈禱，或無意中聽到一個祈禱詞。你要讓自己稍微適應一下。妥協一點。」

這也是當今世界的哭泣聲。就是「順應時代。在這裡妥協一點，那裡偏離一點，適應這譏諷世界的意見和觀點。」你認為，但以理與神同行半個多世紀後，會轉過頭來背著神往回走嗎？我會說千萬次，不！

真實如鋼，那老人一日三次回房裡禱告。請注意，他有時間祈禱。今天，有很多做生意的人會跟你說他沒有時間祈禱；他的工作壓力之大，忙到他不能召集身邊的家人，禱告求神祝福他們。他太忙了，無法求神讓他和他的家人遠離今生的試探——日常的誘惑。「生意太緊迫了。」

這使我想起一位老衛理公會牧師的話：「如果你有太多的事務要處理而沒有時間祈禱，那麼你的事務已超過神所要你承擔的。」

但是看看這位老人。他要處理國王的所有事務。他身兼三職：相當於現在的首相、國務卿和財政大臣。他不僅必須處理自己所有的事務，還要監督其他人的工作。然而，他還是抽出時間來祈禱——不是偶爾祈禱，也不是零星的祈禱，或者，只是碰巧有空餘時間的時候祈禱。但以理一*日三次雙膝跪在他神面前禱告感謝，與素常一樣*（但 6：10）。是的，他可以拿起《詩篇》第五十五篇的話說：

至於我，我要求告神，耶和華必拯救我。

我要晚上、早晨、晌午哀聲悲嘆，他也必聽我的聲音。（詩 55：16–17）

儘管他很忙，但他仍然抽出時間來祈禱。一個習慣呼求神的人只有節省時間，而不是浪費時間。禱告能使他的頭腦更清醒，思想更集中；當情況需要時，他能夠更果斷地行事。人不能靠自己實現的事，神幾乎不需要人的任何努力就可以使它成就。神祝福那些愛祂的人。

於是，但以理一天三次去他房裡禱告。因他經常走那條路，路上都長不出草來。我的意思是，那些密謀者知道他去哪裡祈禱；他們知道但以理禱告的地方，他們確信可以在他平時禱告的時間，在那裡找到他。但以理更是再一次立定心志，並不懼怕公開告白。

但以理知道這禁令蓋了玉璽，就到自己家裡（他樓上的窗戶開向耶路撒冷），一日三次雙膝跪在他神面前禱告感謝，與素常一樣（但 6：10）。就像後來的保羅一樣，保羅深知自己所信的是誰；像摩西一樣，他因信看見那不能看見的主（參 提後 1：12；來 11：27）。他知道所敬拜的是誰。我們無需追溯多年的教會記錄，來查查此人是否曾宣稱其信仰。他沒有仔細打聽，有沒有外人藏在附近，他們是否能聽到他的禱告聲。他沒有降低聲調呢喃細語，而是以他一貫的語調向他生命的神——向他人民的神、亞伯拉罕、以撒和雅各的神，傾心禱告。他甚至為大利烏王祈禱。我們都應當為統治者祈禱。

保羅寫信給提摩太說，*我勸你第一要為萬人懇求，禱告，代求，祝謝，為君王和一切在位的也該如此，使我們可以敬虔、端正、平安無事地度日*（提前 2：1-2）。如果我們停止為我們的統治者祈禱，我們的國家就會分崩離析。這些統治者令人失望的原因是我們沒有為他們祈禱。那麼，但以理是向大利烏祈禱嗎？不是；他是為大利烏祈禱，而不是向他祈求。

有人在但以理敞開的窗戶邊旁聽；那一百二十位諸侯專門負責這件事。他們自己就是見證人，他們中就有一些人聚集在窗戶前，假裝當作聽眾，其實是來執行那卑鄙的監聽。如果那時候有報社記者，他們一定迫不及待地想得到禱告的每一個字。哪怕有最微小的機會，他們必定會在二十四小時內將記下來的禱告用電報傳遍全世界。

但以理禱告和感謝之後，心裡毫無懼怕。神的旨意若是讓他從地上經獅子坑進入天堂，那麼，他已經做好了一切準備。神與他同在。像以諾一樣，他以身心作了這見證——*已經得了神喜悅他的明證*（来 11：5）。

你看到希伯來俘虜跪著嗎

你看那希伯來俘虜跪著禱告嗎，
清早、正午、晚間？
在他的室內，他日夜思念錫安，
其身雖流亡在遠方。

不懼怕踏入火窯，
也不驚恐與獅子同享穴坑；
因但以理的神必拯救，
祂差派天使與他同在。

永生神兒女鼓起勇氣，
甜美歌唱那偉大拯救。
昂首面向錫安山崗，
歡呼你即將到來的君王。

你的窗戶豈向耶路撒冷敞開，
雖為俘虜，心存「片時」留在世上？
為著君王祂榮耀中的降臨
你每日都舉目盼望？

——菲利普·布利斯

第七章

敬虔最終得胜

王下令，人就把但以理帶來，扔在獅子坑中。——《但以理書》六章16節

當時，城裡一定是一陣激動，因為，整個巴比倫都知道但以理不會動搖。他們知道，這位老臣是個意志堅定的人，不可能屈服。獅子坑對他來說沒什麼可怕的。他寧願與神同在獅子坑內，也不願呆在獅子坑外沒有神。

我的朋友們，堅持原則、與神同在獅子坑里，要比在獅子坑外、有錢卻沒有原則，要好上一千倍。我很可憐那些靠欺騙賺錢的人；我很遺憾那些靠歪門邪道獵取生活地位的人；我對那些靠不誠實手段獲得權位的政治家深感惋惜。他們的良知將鞭打他們！

神的話將鞭打這樣的人。*你們的金銀都長了銹，那銹要證明你們的不是，又要吃你們的肉，如同火燒*（雅 5：3）。做假遭損，誠信受益，巧詐不如拙誠。為人莫過於誠信，哪怕這意味著我們口袋裡的錢很少，在世界上沒有什麼地位。活著莫過於有神與我們同在，知道我們是在良善公義的一邊。

我敢說，大利烏帝國中，但以理比任何其他人都更有價值——絕對是超過那四萬名想要害他的人。他對王誠信。他為王祈禱；他愛王，他為王盡了全力——只要不違背神的律法。

就這樣，探子們跑到王那里大喊：「*願大利烏王萬歲*！你知道，在你的王國里有人不服從你嗎？」

「居然有不服從我的人！那鳥人是誰？」

「那人便是但以理。那希伯來人，你指派管理我們的。他堅持呼求他的神。」

一提到但以理的名字，王的眉頭頓時就皺了起來，腦海裡閃過一個念頭：「啊，我搞錯了；我不該簽署禁令。我早該知道但以理永遠不會來求我。我知道他為誰服務；他侍奉他列祖的神。」他沒有責怪但以理，反倒是責怪自己；他沒有譴責但以理，而是責備自己。然後，他竭盡全力想辦法讓但以理不受傷害。

那天一整天，假如你能看見宮殿，你就會看到王在大殿和廊上來回徘徊。想到太陽在迦勒底平原上落下之前，但以理必須喪生，王深感不安；因為，如果但以理在日落前不落在獅子坑里，瑪代和波斯人的律令就會被破壞；無論如何，這禁令必須遵守執行。

大利烏愛但以理，心裡想拯救他。他一整天絞盡腦汁籌劃一個計劃，既可以救但以理，又保證瑪代人的律令不受破壞。然而，他對但以理的愛不如你的君王對你的愛；他不像基督愛我們那樣愛但以理，因為，如果他如此愛但以理，他就會代替但以理進入獅子坑。讓我們記住，基督為我們嚐了死味。*唯獨見那成為比天使小一點的耶穌，因為受死的苦，就得了尊貴、榮耀為冠冕，叫他因著神的恩為人人嚐了死味*（來 2：9）。

那些陰謀家一定猜到了王的感受，他們對王說：「如果王違反了你自己制定的禁令，那麼瑪代和波斯人的律令就不會受到尊重。你的臣民將不再服從你，你的國將離你而去。」因此，大利烏王只好放棄但以理。他命御林軍抓住但以理，把他扔到獅子坑里。但以理的敵人事先在坑里放了精選的巴比倫最飢餓的猛獸。

你也許看到那些御林軍頭去綁那頭髮花白飄逸的老人；他們威風凜凜來到他的住所，把他的雙手綁在一起。那些迦勒底兵丁押著但以理，這位幾個小時前排名僅次於國王的人——巴比倫有史以來最有德行的大臣。他們一路押著他前往獅子坑。儘管他被押著走在街上，但他步伐穩健，一副征服者的姿態。他沒有發抖。他的雙膝結實，沒有撞在一起。

天國之光閃耀在他那平靜的臉上，因為整個天國都關注著這個老者。雖在世上受羞辱，他卻是天上最受歡迎的人。眾天使喜悅他；他們在那裡多麼愛他！他立場堅定；他沒有偏離；他沒有背離聖經的神。他以巨人的步伐走到獅子坑的入口，然後，他們把他扔了進去。他們把一塊大石頭滾到坑口，王在上面蓋了玉璽。如此，律令得以遵守。

但以理被扔在坑里，但神的使者下來，神的僕人安然無事。獅子的口被堵住了，它們像羔羊一樣溫柔無害。假如你能看到那坑里面，你會看到一個如夏日傍晚那樣平靜的人。我毫不懷疑，在他通常的禱告時間，他會跪下來禱告，就好像在自己的房間裡一樣。如果在坑里有羅盤指針那樣的標記，他必定會面朝耶路撒冷禱告。他熱愛那座城；他熱愛聖殿。面朝耶路撒冷，他祈禱並獻上感恩。我能想像，他然後把頭擱在其中一隻獅子身上，漸漸入睡。若真是這樣，巴比倫沒有人比但以理在獅子坑里睡得更香了。

不過，巴比倫有一人那天晚上沒有入寢。假如你能進入王的宮殿，你就會看到有個人處在極大的困惱中。*王回宮，終夜禁食，無人拿樂器到他面前，並且睡不著覺*（但 6：18）。那晚，大利烏沒有樂官為他演奏。居然沒有宮樂和歌唱！那晚沒有宴會，他什麼也吃不了。僕人們給他端來美味佳餚，他卻一點胃口也沒有。他感到苦惱；他無法入睡。他把王國中最好的人放在獅子坑里，他為此自責。他也許自言自語：「我怎麼會參與這種行為呢？」

清晨，在太陽升起之前灰濛蒙的黎明，巴比倫人可以聽到國王戰車的車輪在道上滾動的隆隆聲。大利烏王匆忙趕往獅子坑。他急切地從戰車上下來，對著坑口哀聲呼叫，*永生神的僕人但以理啊，你所常侍奉的神能救你脫離獅子嗎？*（但 6：20）

聽！一個聲音回答了，就像一個複活的聲音；從坑的深處傳到王的耳朵裡，他聽到但以理的話說：*願王萬歲！我的神差遣使者封住獅子的口，叫獅子不傷我，因我在神面前無辜，我在王面前也沒有行過虧損的事。*（但 6：21–22）

獅子不能傷害他。他毫髮無損。人何時站在神一邊，神就站在他一邊。但以理沒有動搖，其結果是神與他同在。哦，他的名字多麼閃耀。他是一個如此有福的人物。

王下令將但以理從坑里拉上來。*於是但以理從坑里被系上來，身上毫無傷損，因為信靠他的神*（但 6：23）。當他到了頂上時，我想他們倆人一定是互相擁抱，然後但以理登上了王的戰車，回到王宮。那天早上，巴比倫有兩個歡喜快樂的人：但以理和大利烏王。也許他們一起坐下來用餐，心存感激和欣喜。

身上毫無傷損。神曾保守沙得拉、米煞和亞伯尼歌在火窯中，以致並沒有火燎的氣味，神同樣保守但以理免遭獅子口咬之災。

污告但以理的人的下場卻截然不同。正如箴言所說，*挖陷坑的，自己必掉在其中*（箴 26：27）。王下令將指控但以理的人交處同刑，於是他們被扔進坑里，*獅子就抓住他們，咬碎他們的骨頭*（但 6：24）。*因為耶和華喜愛公平，不撇棄他的聖民，他們永蒙保佑，但惡人的後裔必被剪除*（詩 37：28）。

年輕人，讓我們走出世界；讓我們把世界踏在腳下；讓我們忠於神；讓我們排好陣，邁開步，為我們的君王勇敢地戰鬥。我們的「加冕時刻」就會到來。是的，獎賞必會來到，然後可以對我們這樣說：*「大蒙眷愛的人哪」*（但 10：19）。年輕人，你們的品德比金錢更重要。它比世俗的榮譽更有價值，世界的榮譽轉瞬即逝，如曇花一現。品德比世俗的地位更有價值，後者是短暫的，瞬息即逝。但是，有神與你同在，與神同在——多麼偉大的地位！這是永恆的產業。

我再多說幾句關於但以理的話：如果你讀《但以理書》第十章，你會讀到一位天使來到他面前，告訴他，他是大蒙眷愛的人。此前，另一位天使曾帶給他類似的信息。多數人認為，第十章中描述的、向但以理顯現的那一位，正是人子耶穌，祂在約翰被放逐到拔摩島時探望了他（參 啟 1：13）。人們以為約翰是獨自一人被放逐到那個島上，但不是的，神的使者與他同在。但以理也是如此——從他自己的國家和人民那裡被擄到巴比倫。在這一章裡我們讀到，*我舉目觀看，見有一人身穿細麻衣，腰束烏法精金帶……他對我說：「大蒙眷愛的但以理啊，要明白我與你所說的話，只管站起來，因為我現在奉差遣來到你這裡。」*（但 10：5，11）

正是但以理的需要將這位天使從榮耀之地帶了出來。在巴比倫城，是神的兒子在他身邊。正如我之前所說，那是但以理第二次聽到這樣的話，說他是大蒙眷愛的人。是的，在三個不同的時間，神的使者從神的寶座前來告訴他同樣的信息。

請注意第十一章中寶貴的經文：*唯獨認識神的子民，必剛強行事*（但 11：32）。第十二章的兩節經文也說到對義人的祝福：*睡在塵埃中的必有多人復醒，其中有得永生的，有受羞辱永遠被憎惡的。智慧人必發光，如同天上的光；那使多人歸義的，必發光如星，直到永永遠遠*（但 12：2–3）。

這就是天使帶給但以理的安慰，這是何其大的安慰。有一個關係到我們所有人的事實，那就是我們都喜歡成為亮點。這是無可置疑的。每個母親都喜歡自己的孩子成為亮點。如果她的兒子在學校表現出色，在班上名列前茅，自豪的母親會立即告訴所有的鄰居；她當然有權這樣做。但是，即使這個世界上最偉大的人也並非是最光輝閃耀的人。幾年之內，他們也許光彩奪目，但很快那光彩就消失在黑暗中；因為他們沒有內在的光。如瞬間之光，很快就成了黑暗中漆黑一團。那些不認識但以理的神的偉人在哪裡？他們發光發了多久？我們對尼布甲尼撒和其他人知之甚少，除了他們有時出現在關於這些謙卑的神人的故事之中。我們沒有被告知政治家會持久發光；這些人也許會光照幾天或幾年，但很快就被遺忘。

我們來看看那些在但以理時代去世的偉人。他們在宮庭參議會中是多麼的明智！那時候，巴比倫是何等的強大，征服過多少國家！他們曾是俗世的神！然而，他們的名字很快就被遺忘，如同寫在沙裡，風一吹就無影無踪。那些所謂的哲士呢？他們還活著嗎？看哪，還有科學家、考古學家和科學人士，他們深入到地心，敲掉一些岩石塊，試圖讓石塊說話來反對神的話語。遲早，他們會紛紛死去，名字也跟著腐爛。

然而，神人發光。是的，但以理就是那一位神人，如燦爛群星一樣閃耀，直到永永遠遠。但以理已經離世兩千五百年，但越來越多的人在讀他的生平和行為。因此，他的名字將一直光照，直到時間的盡頭。他將變得更廣為人知，更受喜愛；隨著世界變老，他只會更加閃耀。確實如此，*智慧人必發光*……*和*……*那使多人歸義的，必發光如星，直到永永遠遠*。

這種在榮耀中發光的蒙福的幸福，就像神國度裡賜給每個人的祝福一樣，因為祂*在基督裡曾賜給我們天上各樣屬靈的福氣*（弗 1：3）。即使你沒有受過最基本的教育或熏陶，你也仍然可以發光。一個貧窮的工人或水手，如果他為神國作工，他便可以永遠發光。聖經沒有說偉大的人會發光，但說*那使多人歸義的會發光*。

許多神的子民有一個錯誤的概念，以為只有少數人能為神說話。比如談到為拯救人們的靈魂作工，那麼十分之九的人會說：「哦，那是傳道人做的事。」好像許多人沒有想到，他們在這件事工中也有份。魔鬼努力阻止基督徒享有得人歸向神的有福權柄。任何人都享有權柄做這項工作。

難道，你沒看到那條小山溪是如何不斷地擴充，直到它把一切東西都帶到大海嗎？涓涓細流匯入其中，變成一條浩瀚的大河；大河兩岸都是大城市，世界各國的商貿都經大河通往四方。同樣，每當一個靈魂被基督贏得時，你也許一時看不到結果，但一個靈魂會增加到一千個靈魂，而一千會增加到一萬。也許一百萬才是果實。我們不知道。我們只知道，使多人歸義的基督徒，必發光如星，直到永遠。看看那些卑賤、沒有受過教育的漁夫，耶穌的門徒。他們不是有學問的人，但他們很善於贏得靈魂。沒有一個孩子不能為神工作。*因為我們原是他的工作，在基督耶穌裡造成的，為要叫我們行善，就是神所預備叫我們行的*（弗 2：10）。

有一樣東西阻止人們為神工作，那就是他們缺乏去做的願望。如果一個人有去做的願望，神很快就會使他合格。而我們要的是神的核准；合格證必須來自神。

在我們的大聚會中，經常有三千基督徒出席。假如這些人生活在與基督的交通中，期望他們每人在一個月內帶領一個靈魂歸向主難道太過分？神的兒子為他們捨命。當祂提供所需的能力時，難道他們應該拒絕為祂作工嗎？在拯救靈魂的聖工中，如果每個人都盡力做他（她）的工作，我們將會看到什麼樣的結果？

有多少次，我在會議結束時觀察，看看基督徒們是否會與參會的悲傷者交談。如果我們都能成為睜大眼睛的靈魂守望者，那麼，現在僅僅只有個案的地方就會有大量的求道者。如果每間教會在每次福音禮拜後都開諮詢會，那麼這些諮詢室裡就會有很多人。我們每次聚會，都有慕道友，他們渴望有熱心的基督徒帶領他們歸向基督。他們雖然羞怯，但愛聽別人跟他們談論基督。讓我們每個基督徒的禱告都是：「哦，神啊，將多多的靈魂賜給我，作為我的報酬。」如果我們真是這樣，結果會怎樣？大批的人將向神發出讚美的呼聲，使天國歡喜快樂。*一個罪人悔改，在神的使者面前也是這樣為他歡喜*（路 15：10）。哪裡有焦慮的罪人，哪裡就應當有基督徒。

你在做什麼？

你在做什麼，基督徒？
為你的主基督作工？
贏得許許多多罪人
用你的生命、你的筆、你的話語？
當你面臨那嚴肅問題，
你的答案是什麼？
你能指著完成的事工，
說，「主啊，這是我為你所做的工作？」

你在做什麼服侍——
你是否積極參與？
生命和嘴熱切真誠
從愛心涓涓流出？
還是你空閒自得覷視
他人辛勞播種，
單贈上廉價的讚美
他們的真誠親切？

你為何人，贖回的靈魂，
偉大君王的孩子？
何等榮耀歸於天父
以你王子身份獻上？
倘若無人獻給祂榮耀，
無人屈膝稱頌，
獻上你應當的
仰首高唱的讚歌。

你在這里為何活？無論何地
你定在塵世的宿命，
哦，讓每時每刻
在愉快的工作中渡過。
這裡！你能做一生的事工，
這裡！你能夠贏得冠冕，
星光璀璨，寶石環繞，
寶座前將來定得賞賜。

——伊娃·特拉弗斯·普爾

作者生平簡介

德懷特•萊曼•慕迪 （Dwight Lyman Moody） 於一八三七年二月五日生於美國麻州北田 （Northfield）。慕迪僅四歲，父親就去世了。留下他母親一人撫養九個孩子。慕迪十七歲那年，離家到波士頓謀生，成了一名推銷商。一年後，慕迪由他的主日學老師愛德華•金波（Edward Kimball）帶領，歸向耶穌基督。不久，慕廸離開波士頓，來到芝加哥。他在那裡開始自己教主日學。他二十三歲時，已經是一名很成功的鞋子推銷商，僅八個月就賺了五千美金，這在十九世紀中期是很大一筆錢。然而，當他立志跟隨耶穌，他就放棄事業，投身於基督教事工。他當時的年薪僅三百美金。

慕迪不是被按立的牧師，但他是一位傑出的佈道家。亨利•瓦利（Henry Varley），一位英國的傳教士，曾告訴他，「慕迪，世界尚將試目以待，神將如何使用一個完全奉獻給祂的人。」

慕迪後來說，「靠神的幫助，我立志成為那個人。」

據估計，在他有生之年，沒有電視或廣播的幫助，慕迪行一百多萬英里，向一百多萬人佈道，並親自接觸過七十五萬多人。

慕迪卒於一八九九年，十二月二十二日。

慕迪曾說過，「總有一天，你會在報紙上看到訃告，說北田東（East Northfield）的慕迪死了。你連一個字都不要信！那一刻，我比我現在更有活力。我會升得更高，就這樣——從這個老土墓，進入一座不朽的房子；一個死亡無法觸及，罪不能玷污的身體；一個與祂榮耀的身體相似的身體。一八三七年，我以肉體出生。一八五六年，我由聖靈而生。以肉體而生的將死去，由聖靈而生的將永遠活著。」

其他类似书籍

天路,慕迪

在基督里有生命。丰盛、喜乐、美好的生命。的确，主会管教祂所爱的人，我们也常常受到世界和魔鬼的试探。但是，如果我们知道如何跨越这种诱惑，来亲近耶稣基督的十字架，将眼目定睛在我们的主身上，那么，我们在地上和天上的奖赏，将比这个世界所能给的要好上百倍。

这本书写得很透彻。它生动地描绘了神的爱，剖析未得救之人灵魂的状态，解析耶稣基督在十字架上，为了我们的罪，做了什么。《天路》切实地审视了我们悔改和跟随耶稣的需要，并将希望带给我们，即那在天堂里永恒、喜乐的生命。

免费下载

得胜的生命,慕迪

你是一名得胜者？或者，你很容易被杂七杂八的罪所捆绑？更糟糕的是，你是否正偏离基督徒的成圣道路，但却拒绝承认并纠正？没有一个基督徒可以拒绝呼召成为得胜者。世上的代价微乎其微，而永恒的奖赏是无法估量的。

德怀特·慕迪(Dwight L. Moody)是发掘我们问题的大师。他擅长用故事和幽默来揭示，作为成功的基督徒，什么是其生活的基本原则。在得胜的方方面面，慕迪都是从实际的、容易理解的角度来解析。针对我们的问题，慕迪所提出的解决方案不是宗教、规则或其他外在的修正。相反，他把我们带到问题的核心，即我们的内心，并且将圣经、神所赐的救药来医治每个基督徒的生命。让我们做好准备，来迎接、拥抱今天的真正胜利和永恒的喜乐。

免费下载

十誡,慕迪

現今的時代，十誡不是很合乎潮流。無神論者，對十誡嗤之以鼻，視為眼中釘。眾多的基督徒，也說十誡不合時宜。然而，德懷特•慕迪向我們挑戰，要我們仔細地審視一下十誡。十誡中，哪一誡，我們可以老老實實地說，不合時宜？十誡中，哪一誡，無論是當今還是永恆，我們可以不遵行而不食其果？

這本書，激勵你，以神的準則，來審度你的生活。神不會以我們做不到的事來為難我們，尤其當我們有耶穌基督為力量，以聖靈為引導。這本書，是對神最古老且家喻戶曉的話語，給以既激勵人心，又如飲甘露般的詮釋。

www.ingramcontent.com/pod-product-compliance
Lightning Source LLC
Chambersburg PA
CBHW052121070526
44586CB00016B/2033
9781622459148